„Menschenskinder"

..., werdet wach!

1. Auflage: Juli 2015

Herstellung und Verlag:
BoD – Books on Demand, Norderstedt

ISBN: 978-3-7386-1756-6

Inhaltsverzeichnis

Seite 1	Informationen über das Buch
Seite 2	Inhaltsverzeichnis
Seite 5	Vorwort
Seite 6	Kind bleiben
Seite 7	Eltern sind nicht ewig da
Seite 8	Lehrgeld
Seite 9	Besinnlich (Oma-Version), Kinderseelen
Seite 10	Null Bock?
Seite 11	Kinderaugen
Seite 12	Elternliebe, Gänseblümchen
Seite 13	Geschenke die vom Herzen kommen
Seite 14	Messer, Gabel, Schere, Licht
Seite 15	Für einen Tag Kind
Seite 16	Scheiß Väter, Kinderwort
Seite 17	Bescherungs-Wahn
Seite 18	Eltern-Führerschein
Seite 20	Sternenkinder
Seite 21	ÜBERmütter
Seite 22	Kinderträume
Seite 23	Schule fertig
Seite 24	Vereinsliebe, Prügelstrafen
Seite 25	Gerecht?
Seite 26	Mein liebes Kind
Seite 27	Prügelstrafe
Seite 28	Mit 18
Seite 29	Hellster Stern und Sonnenschein
Seite 31	Kinder brauchen...
Seite 32	Grundschulzeit
Seite 33	Wahrheitsgetreu
Seite 34	Tränen kotzen
Seite 35	Kindertag
Seite 36	Beste Mama, Bester Opa
Seite 37	Mutter-Rachsucht
Seite 39	Echte Freunde
Seite 40	Gebranntes Kind

Seite 41	Der Kindergarten
Seite 43	Finger weg, Lebenslichter
Seite 44	Tracht Prügel, Unbefangen
Seite 45	Jugendzeit
Seite 47	Weihnachtsloch
Seite 48	Unterdrückt
Seite 49	Zeitmaschine
Seite 51	Kinder(v)erziehung
Seite 52	Hotel Mama, Gewaltbereitschaft
Seite 53	Kriegsgeschichten
Seite 54	Mein großes Sternenkind
Seite 55	Loslassen, Unbefangen
Seite 56	Traurige Mütter
Seite 57	Mein Kind, Alte Kinder
Seite 58	Flügge werden
Seite 59	Saucoole Eltern
Seite 60	Liebe Eltern
Seite 61	Kleiner Mensch ganz groß
Seite 62	Teddy
Seite 63	Rabenväter
Seite 64	Hart im Nehmen
Seite 65	Gewalt
Seite 67	Noch einmal Kind
Seite 68	Wie uncool
Seite 69	Übertriebene Tierliebe
Seite 70	Mütter für immer
Seite 71	Tapfere Knirpse
Seite 72	Zum Handeln zu spät
Seite 73	Meine Mama
Seite 74	Kindermund
Seite 75	Wir von damals
Seite 77	Dear Kindchen
Seite 78	Freu dich, Tot geboren
Seite 79	Rabenmütter
Seite 80	Kinder brauchen uns nicht tot
Seite 81	Besinnlich (Opa-Version), Eltern sollten
Seite 82	Neuzeit-Oma
Seite 83	Alleinerziehend
Seite 85	Unbeschwertheit

Seite 86	Lügen haben lange Beine
Seite 87	Sorgenkinder
Seite 88	Verzeih Mutter
Seite 89	Die Welt ist schön?
Seite 90	Mutterherz
Seite 91	Schon vergessen?
Seite 92	Vaterliebe
Seite 93	Wiedersehen
Seite 94	Abgeschoben
Seite 95	Mein größtes Glück
Seite 96	Beste Oma, Bester Papa
Seite 97	Zum Geburtstag (Kinderversion)
Seite 98	Mobbing in der Schule
Seite 99	Besinnlich, Unbekümmert
Seite 100	Mutterliebe
Seite 101	Wozu
Seite 102	Zusammenhalt
Seite 103	Mein inneres Kind
Seite 104	Moralpredigt
Seite 107	Mit Leib und Seele
Seite 110	Nachwort
Seite 111	Impressum

Vorwort

Lieber Leser!

Sind Sie auch der Meinung, dass die älteren Generationen mehr Moral, Anstand und Mitgefühl besitzen als die jüngeren? Finden Sie auch, dass das Untereinander der Menschen immer kälter und gleichgültiger wird? Ich ja! Woran mag das liegen? Sind die Eltern und Großeltern der heutigen Zeit häufig einfach „zu cool" und die Erziehungsmethoden darum auch zu locker geworden? Was haben unsere Eltern anders gemacht als die heutigen Eltern mit ihren Kindern? Vielleicht finden Sie in diesem Buch die eine oder andere Antwort für diesen Sinneswandel.

Viel Spaß beim Lesen wünscht Ihnen der Autor

Norbert van Tiggelen

Kind bleiben

Lasst die Kinder Kinder bleiben,
triezt sie nicht zum reifen Wer.
Ihr so junges, frisches Leben
ist noch lang - und zudem schwer.

Lasst sie spielen, toben, tanzen
und somit auch kindlich sein,
auf den Bäumen Buden bauen -
Hauptsache, ihr Geist ist rein.

Lasst sie Unbeschwertheit spüren,
denn das ist wie fliegen pur.
Sich wie Große zu verhalten,
bringt sie oftmals aus der Spur.

Füttert sie nicht mit dem Gelde,
es verdirbt den Seelenklang.
Lasst sie ihre Jugend schlemmen –
denn die Kindheit währt nicht lang.

©Norbert van Tiggelen

Eltern sind nicht ewig da

Sei den Eltern möglichst oft
sehr nah und auch verbunden,
denn schließlich heilten sie auch dir
so manche tiefe Wunden.

Höre ihnen besser zu,
auch du hattest mal Sorgen;
gib dir die Müh, es schnell zu tun,
verschieb's nicht stets auf morgen.

Nimm sie auch an deine Hand,
sei da, wenn's schwierig wird;
denn in deinen jungen Jahr'n
war'n sie dein treuer Hirt.

Lass sie deine Liebe spür'n,
wer weiß, wie lang sie leben!
Ein Kind zu sein, bedeutet auch:
Mal nehmen und auch geben!

©Norbert van Tiggelen

Lehrgeld

Erst wenn Kinder sich ergötzen
ungeniert an Zorn und Blut
und man Menschen nur bewertet
nach dem lieben Hab und Gut -

Erst wenn Bäume nicht mehr blühen,
weil die Sonne sie verbrennt,
und das Tier, was uns einst treu war,
man nur noch aus Büchern kennt -

Erst wenn kaum noch Fische schwimmen
in den Meeren dieser Welt,
man die Sterne nicht mehr sichtet
am verrußten Himmelszelt -

Erst wenn selbst der Reiche hungert,
was passier'n wird irgendwann -
dann wird auch dem Letzten klar sein,
dass man Geld nicht essen kann!

©Norbert van Tiggelen

Besinnlich

Was die O-ma für uns gewesen,
das steht auf ihrem Grabstein nicht;
sie war ein Grundstein unsres Lebens,
sie schenkte Liebe, Trost und Licht.

Drum zeige ihr, dass du sie gern hast,
und frage nach, wie es ihr geht!
Denn was wir leider oft vergessen:
An ihrem Grabe ist's zu spät.

©Norbert van Tiggelen

Kinderseelen sind empfindlich,
wie ein Spinnennetz so fein.
Etwas Böses wird darum auch
lang in ihren Köpfen sein.

©Norbert van Tiggelen

Null Bock?

Du hast keinen Bock auf Schule -
Mensch, denk doch mal richtig nach:
Ohne Arbeit, Fleiß und Bildung
liegt dein ganzes Leben brach.

Denk doch mal an deine Kinder,
die du später haben wirst!
Soll'n sie wirklich miterleben,
wie du durch dein Leben irrst?

Wer wird jemals an dir hochseh'n?
Keine Seele - glaub es mir!
Allerhöchstens hohle Birnen -
sieh es ein und respektier!

Mach dir mal ein paar Gedanken,
über das, was du hier liest.
Es wär doch wohl wirklich schade,
wenn du dir dein' Lauf vermiest.

©Norbert van Tiggelen

„Kinderaugen"

Kinderaugen groß und klar
seh'n die Welt oft sonderbar.
Denn wir Großen zeigen ihnen,
was sie wirklich nicht verdienen.

Sehen Menschen, die sich hassen,
Reiche, die ihr Geld verprassen,
Tote auf Schlachtfeldern liegen,
Düsenjets zum Angriff fliegen.

Sehen Mord im Frühprogramm,
Flutopfer in tiefem Schlamm,
Panzer, die auf Menschen schießen,
täglich sinnlos Blut vergießen.

Rettet diesen klaren Blick,
wenn's geht, mit einem Zaubertrick.
Denn zart, wie diese Seelen sind,
werden sie vor Angst bald blind.

©Norbert van Tiggelen

Elternliebe

Kind, wir können Dir nichts bieten,
oftmals fehlt das liebe Geld.
Doch Du weißt, Du bist ein Engel,
der uns selbst die Nacht erhellt.

Haben Angst, dass Du uns bös' bist
und darum Dein Herz nur sticht.
Mach Dir bitte mal Gedanken -
und sieh es aus unsrer Sicht.

Glaube uns, wenn wir Dir sagen,
dass nur Geld nicht glücklich macht.
Es ist unsre Elternliebe,
die Dein Seelenkleid bewacht.

©Norbert van Tiggelen

Gänseblümchen

Eine Blume, klein und spärlich,
und sie kostet nicht mal Geld -
doch aus Kinderhänden ist sie
wohl die schönste dieser Welt!

©Norbert van Tiggelen

Geschenke, die
von Herzen kommen

Den Erwachsnen schenkt man gerne
Nikotin und Alkohol,
bildet sich dann auch noch ein,
es wär' sogar zu ihrem Wohl.

Kindern reicht man Laserschwerter,
deckt sie ein mit Süßigkeiten,
Spielkonsolen, Feuerwaffen,
Mann, was sind das bloß für Zeiten?

Was zum Teufel ist geschehen,
dass wir doch so arg benommen
und sie noch Geschenke nennen,
die aus tiefstem Herzen kommen?

Darum rate ich euch eines,
gebt nicht weiter Gottes Fluch:
Schenket mit Bedächtigkeit,
versucht es mal mit einem Buch!

©Norbert van Tiggelen

Messer, Gabel, Schere, Licht

"Messer, Gabel, Schere, Licht
sind für kleine Kinder nicht!"
Das galt für uns einst als Gebot,
damit wir kamen nicht in Not.

Heute sieht's oft anders aus,
Jugendzeit in Saus und Braus;
Mann, hat sich die Welt gedreht!
Kaum ein Mensch noch das versteht.

Teenies können oft kaum schreiben,
sich die Zeit mit Schnaps vertreiben,
geh'n mit vierzehn auf den Strich -
ist das nicht einfach widerlich?

Habt ihr schon mal dran gedacht,
was der Herrgott mit uns macht,
wenn weiter er dies Elend sieht,
er sich schämt und leise flieht?

Drum, Leute, setzt den Kindern Grenzen,
weg von Alk und Schule schwänzen,
denn sollten wir das bald nicht schlichten,
dann werden sie die Welt vernichten.

©Norbert van Tiggelen

Für einen Tag Kind

Für einen Tag Kind, das wäre der Hit,
wär' sofort bereit zu diesem Schritt.
Ich würd' dann bringen allerlei Sachen,
für die man würde mich heute auslachen.

Würde gern klettern auf alle Bäume,
dabei würden reißen manch' Hosensäume,
Aus Nachbars Garten klaute ich Kirschen,
würd' mich dann leis' von dannen pirschen.

Ich tät im Regen tanzen und springen,
würde dabei Lieder laut singen.
Die Schokolade klebt' mir am Mund.
Wichtig ist nur: Ich bin gesund.

Ich baute Buden in Buschwerk und Hecken,
würde mich gerne in ihnen verstecken.
Komm ich dann abends schmutzig nach Haus,
schimpft' mich die Mutti sicher nicht aus.

Steckt' mich ins Bad, danach gibt es Essen,
dann ab ins Bett und der Tag ist gegessen.
Weil ich geschafft bin, schlaf ich schnell ein
und träume davon, nie erwachsen zu sein.

©Norbert van Tiggelen

Scheiß-Väter

Es gibt „Männer" ohne Rückgrat,
wahre Egoisten pur.
Frau und Kind sind Nebensache,
Tag für Tag, rund um die Uhr.

Wichtig sind die eigenen Wünsche,
und das - klar - zu jeder Zeit.
Kümmern sich 'nen Dreck um Wärme,
pfeifen auf Vertraulichkeit.

Denen muss man eines sagen:
Warum quält ihr Frau und Kind?
Muss es sein, dass sie im Grunde
eure blassen Opfer sind?

© Norbert van Tiggelen

Kinderwort

Wenn wir doch mal ehrlich sind,
wie schwer hat's oft so manches Kind?
Oft sprechen sie nur wahre Worte,
doch für uns am falschen Orte.

©Norbert van Tiggelen

Bescherungs-Wahn

Früher gab's den Kaufmannsladen
oder eine Eisenbahn,
eine schnieke Puppenstube
oder einen Lastenkran.

Legos waren auch der Renner,
ebenso wie Playmobil,
Matchboxautos, Fischertechnik
oder auch ein Puzzlespiel.

Bücher, Puppen, Teddybären
lagen unterm Christbaum oft,
und es waren meistens Dinge,
die wir hatten uns erhofft.

Mittlerweile sind es Handys,
Spielkonsolen, ein PC.
Seh' ich, wie heut Kinder spielen,
tun mir echt die Augen weh!

©Norbert van Tiggelen

Eltern-Führerschein

Wenn ich manche Eltern sehe,
trifft mich gnadenlos der Schlag:
In der Wohnung pures Chaos,
laute Partys jeden Tag.

Alkohol beschmutzt das Image,
blauer Dunst am Frühstückstisch;
anstatt Tee und Brot mit Käse
gibt's ein Alkoholgemisch.

Holen Eltern ihre Sprosse
dann vom Kindergarten ab,
sind sie oft schon ganz schön knülle
und vom graden Weg fernab.

Meistens ist der Vati fleißig
und darum am Abend breit,
für die Kinder gar nichts Neues,
Jubel, Trubel, Heiterkeit.

Arbeit ist sehr oft ein Fremdwort,
Strom und Miete zahlt der Staat;
wird tagtäglich immer größer,
diese gleichgültige Saat.

Viele Eltern, dumm wie Leergut,
haben kaum ein Buch geseh'n,
Kinder bleiben auch zuhause,
Sechs und Fünf sind schließlich Zehn.

Hätte ich in diesem Lande
das Bestimmen ganz allein,
würd' bei mir so mancher machen
einen Eltern-Führerschein!

©Norbert van Tiggelen

Sternenkinder
(Rendezvous im Morgenrot)

Sternenkinder, das sind Seelen,
die uns machen täglich Müh;
sahen nie das Licht des Lebens
oder starben viel zu früh.

In Gedanken sind sie bei uns,
ganz egal, zu welcher Zeit.
In uns kann die Sonne scheinen -
plötzlich macht sich Trauer breit.

Aber auch die "großen" Kinder,
die von uns gegangen sind,
schlummern tief in unsren Herzen,
darum oft ein Tränchen rinnt.

Ihr Verlust ist unerträglich,
wird uns mühen bis zum Tod.
Doch ganz sicher gibt es dann ein
Rendezvous im Morgenrot.

©Norbert van Tiggelen

ÜBERmütter

Sie verhätscheln ihre Kinder,
jeden Tag von früh bis spät;
füttern sie stets unermüdlich,
bis kein Stück mehr runtergeht.

Waschen, bügeln, putzen, schrubben
nur für sie den ganzen Tag,
um von ihnen abzuwenden
jede Müh und jede Plag'.

Schneiden ihnen Apfelstücke
schalenlos und mundgerecht,
legen ihnen's noch ins "Mündchen" -
seh' ich das, dann wird mir schlecht.

Doch passt auf, ihr Übermütter,
eines Tages seht ihr's dann:
Dass so manches eurer Kinder
draußen nicht bestehen kann.

©Norbert van Tiggelen

Kinderträume

Kinderträume schlummern leise,
gehen nachts auf ihre Reise
in eine zarte, heile Welt,
wo nicht das blöde Geld nur zählt.

Dort sind alle Menschen gut,
kein Seelenschmerz, nur froher Mut,
Hand in Hand wird dort geschafft,
und nicht nach andrem Hab gerafft.

Hier gibt es weder arm noch reich,
ein jeder ist dem andren gleich,
frohe Leute, die nur lächeln,
nicht nach fremdem Unglück hecheln.

Wenn diese Träume schlafen geh'n,
die Kids dann aus den Fenstern seh'n,
mit müdem Blick schau'n sie hinaus,
die Welt, sie sieht oft anders aus.

©Norbert van Tiggelen

Schule fertig

Endlich mit der Schule fertig,
langer Traum, er wurde wahr;
fühlst dich frei und unabhängig,
fast schon wie ein Superstar.

Du gehst jetzt ganz neue Wege,
Ziele hast du im Visier.
Mit ein wenig Fleiß und Willen
schaffst du diese, glaube mir.

Konkurrenten wirst du haben,
mach dir aber keinen Kopf;
nutze deine Möglichkeiten -
fasse Chancen fest am Schopf.

Fehler wirst du sicher machen,
schließlich bist du noch sehr jung.
Nutze sie jedoch als Lehre
und somit als neuen Schwung.

Ganz zum Schluss noch eine Pille,
die du leider schlucken musst:
Freizeit wird erst einmal selten,
sei darüber dir bewusst!

© Norbert van Tiggelen

Vereinsliebe

Auswärtsspiele, weite Fahrten -
er nimmt alles gern in Kauf.
Wenn sein Club beherrscht den Gegner,
hat er - logisch! - auch 'nen Lauf.

Niederlagen sind die Hölle,
die klau'n ihm den Lebensmut.
Ihn begleiten dann für Tage
Depressionen, Gram und Wut.

Frau und Kind sind ihm recht schnurze -
kann das wirklich möglich sein?
Wichtig ist für ihn nur eines:
Nur sein blöder Sportverein.

©Norbert van Tiggelen

Prügelstrafen

Prügelstrafen sind für Kinder
ein sehr schlimmes, übles Leid;
quälen nicht nur ihren Körper,
sondern auch ihr Seelenkleid.

©Norbert van Tiggelen

Gerecht?

Gott hat uns einst die Welt geliehen,
nicht dafür, dass wir Menschen fliehen,
nicht dafür, dass der eine klaget,
der andere sich in Schampus badet.

Wo Kinder werden drauf getrimmt,
dass Arme keine Menschen sind,
wo Wahrheit nur ein Wort noch ist,
solange du alleine bist.

Wo die Robbe wird erschlagen,
damit wir Menschen Pelze tragen,
der Herr mit seinem Schatten prahlt,
das Weibchen aussieht wie gemalt.

Wo Liebe meist ein Wort bedeutet,
was man mit Geld sich leicht erbeutet,
entscheidet über gut und schlecht -
ist das denn alles noch gerecht?

©Norbert van Tiggelen

Mein liebes Kind

Mein liebes Kind, nun wird es Zeit,
bist Du für ein Gedicht bereit?
Ich muss Dir dringend etwas schreiben,
wirst Dir gleich die Augen reiben.

Mein liebes Kind, Du tust mir gut,
denn Dir vertrau ich absolut,
ohne Dich wär' vieles leer,
Deine Nähe mag ich sehr.

Mein liebes Kind, verzeihe mir,
ich sag es nicht sehr oft zu Dir,
auf Dich konnt' ich mich stets verlassen,
hast mich niemals im Stich gelassen.

Mein liebes Kind, ich hab Dich gern,
Du bist für mich der größte Stern,
drum sage ich Dir klipp und klar,
dass es Dich gibt, ist wunderbar.

©Norbert van Tiggelen

Prügelstrafe

Unsre Eltern war'n oft anders,
denn der Krieg, er war ihr Leid.
Kannten oft nur Flucht und Hunger
anstatt Freud und Heiterkeit.

Von der harten Zeit gerichtet,
nahmen sie manch Härte mit.
Gaben diese an uns weiter,
sicherlich kein weiser Schritt.

Manche Prügel hat's gegeben,
waren oft der Psyche Pein.
Diskussionen ganz im Ruhigen
sollten leider kaum nur sein.

Heute noch, nach vielen Jahren,
sich manch' Seele schweigend quält.
Prügelstrafen in der Jugend
haben arg ihr Ziel verfehlt.

©Norbert van Tiggelen

Mit Achtzehn

Mit Achtzehn fängt man an zu fliegen,
Schluss mit brav am Boden liegen!
Jetzt ist man doch reif und klug
und setzt an zum Höhenflug.

Endlich sind sie ab, die Ketten,
die dich nervten wie die Kletten.
Freiheit schießt dir durch die Adern,
wem's nicht passt, der soll doch hadern.

Jetzt wird richtig Gas gegeben,
keine Pflicht - nur Freud am Leben.
Einfach frisch, fromm. fröhlich, frei -
ich wünsche dir viel Spaß dabei!

Doch eines sag ich dir zum Schluss,
ich rede wahrlich keinen Stuss:
Das Rettungsboot und Seelenschmaus
wird immer sein - dein Elternhaus.

©Norbert van Tiggelen

Hellster Stern & Sonnenschein
(Für Daniela und Karin)

Ihr wart unser Ein und Alles,
unser Lebenselixier,
Farbklecks mancher grauer Tage,
unsres Glückes größte Zier.

Viel zu früh seid ihr gegangen,
hin zum Licht der Ewigkeit.
Für uns brach die Welt zusammen,
Vatis Seele heut' noch schreit.

Auch wenn's immer wieder weh tut,
wir geh'n unsren Weg beherzt;
selbst wenn in manch Lebenslagen
unsre Elternseele schmerzt.

Ihr könnt unsre Sinne lesen,
Liebende, die steh'n sich nah:
Es ist ganz genau wie früher,
für uns seid ihr heut noch da.

Eines Tages, liebe Kinder,
sehen wir uns ganz bestimmt.
Dieser Funken Wohlbehagen
schon sehr lange in uns glimmt.

Dann sind wir nach vielen Jahren
endlich wieder fest vereint.
Keiner von uns lang Geprüften
dann noch eine Träne weint.

In tiefster Liebe von Mama & Papa

Geschrieben für
Familie Moos-Brunner

©Norbert van Tiggelen

Kinder brauchen...

Kinder brauchen Liebe
in dieser schweren Zeit -
keine Scheidungskriege
erfüllt von Hass und Neid.

Kinder brauchen Hände,
die sie zärtlich spüren -
keine Waffen, die man nutzt,
um Völker anzuführen.

Kinder brauchen Wärme,
um diese zu verbreiten -
keinen kalten Alltagsstress
mit Nachbarn, die sich streiten.

Kinder brauchen Spiele,
mit denen sie brav lernen -
kein Blutvergießen im TV
mit Panzern und Kasernen.

Kinder brauchen Grenzen,
um den Weg zu kennen;
damit sie, wenn sie größer sind,
nicht ins Verderben rennen.

© Norbert van Tiggelen

Grundschulzeit

Vier Jahre sind jetzt nun verflogen,
Du spürtest Gunst und Ellenbogen,
die Zeit, sie war nicht immer leicht -
doch hat man Dich nie durchgereicht.

Du lerntest neue Freunde kennen,
musstest Gut von Böse trennen,
hier und da gab's auch mal Wunden,
kosteten uns Schmerzensstunden.

Mit Geduld und sehr viel Fleiß
gewannst Du stolz so manchen Preis,
warfst nie die Flinte in das Korn,
verfielst auch nicht in Wut und Zorn.

Der erste Flug ist nun vollbracht,
hast Deine Sache gut gemacht!
Dein Weg, er war sehr vorbildlich,
mein Kind, ich bin arg stolz auf Dich.

Geh' weiter Deinen Lebenslauf
schau nach vorn und freu Dich drauf!
Doch trag sie mit Bedächtigkeit
im Herzen, Deine Grundschulzeit.

©Norbert van Tiggelen

Wahrheitsgetreu

Meine Eltern sagten immer:
Kind, du musst stets ehrlich sein.
Dann wirst du in den Himmel kommen,
denn dein Geist ist brav und rein.

Dieses nahm ich mir zu Herzen,
doch ich musste oftmals spüren,
andre kamen meistens weiter
mit Getratsche und Allüren.

Auf der Strecke blieb ich häufig,
weil ich oft zu deutlich war.
Hatte gegen mich nicht selten
Menschen, meist in großer Schar.

Trotzdem will ich mich nicht ändern,
ich kann zu Gesagtem steh'n
und beim Blick in einen Spiegel
freudig in die Augen seh'n.

©Norbert van Tiggelen

Tränen kotzen

Wenn ich durch die Straßen gehe
und die Menschen handeln sehe,
frag ich mich: „Ist das normal?"
Was ist die Welt doch kalt und fahl!

Wenn Säufer an den Straßenecken
trinken, bis dass sie verrecken,
Kinder in den Schulgebäuden,
mit Gewalt die Zeit vergeuden.

Wenn Fußballstars Millionen kriegen,
während Fans im Kampf erliegen,
Politiker trotz Eid betrügen,
ihr Volk vor jeder Wahl belügen.

Wenn der Schmarotzer stolz gesteht,
wie gut es ihm in Deutschland geht,
während andre täglich schaffen,
sich Tag für Tag durchs Leben raffen.

Wenn Schönheit wird mit Geld gekauft,
der Junkie sich für Drogen rauft,
die Kids mit Markensachen protzen,
dann könnt' ich nur noch Tränen kotzen.

©Norbert van Tiggelen

Kindertag

Zum Kindertag, ihr lieben Sprosse,
wünsch ich euch das Beste nur.
Damit mein ich kein Vermögen
oder gar den Reichtum pur.

Ich wünsch euch ganz andre Dinge,
die im Leben wichtig sind:
Werdet niemals egoistisch
oder auch vor Habgier blind!

Eltern, die euch gerne haben,
ein vertrautes, warmes Heim,
Menschen, die sich Freunde nennen -
passt sogar in diesem Reim.

Frieden, Frohsinn und Gesundheit
sind des Lebens Elixier;
kann kein Geld jemals ersetzen,
liebe Kinder - glaubt es mir!

©Norbert van Tiggelen

Beste Mama

Die beste Mama ist nicht die,
die stets ihr Kind beschenkt,
die reichlich „Zaster" investiert,
damit es an ihr hängt.

Die beste Mama ist der Mensch,
die auf dem Kinde baut;
die dieser Seele Liebe gibt
und ihr auch blind vertraut.

©Norbert van Tiggelen

Bester Opa

Der beste Opa ist nicht der,
der's Enkelkind beschenkt,
der reichlich „Zaster" investiert,
damit es an ihm hängt.

Der beste Opa ist der Mensch
- ich sag es euch geschwind -,
der diese junge Seele liebt
so wie sein eignes Kind.

©Norbert van Tiggelen

Mutter- Rachsucht

Waren Mann und Frau gewesen,
Kinder wurden auch gezeugt;
heute ist der Vati freudlos -
sich dem Spott der Mutti beugt.

Er darf seine Kids nicht sehen,
weil die Exfrau ihn gern quält,
über ihn zudem noch manches
arg gelogne Wort erzählt.

Sind sie dann einmal zusammen,
haben sie 'nen Riesenspaß.
Doch die Angst, sich zu verlieren,
ist für ihre Seelen Aas.

Vater- und auch Kinderherzen
sind gebrochen, welche Pein.
Mutter interessiert's 'nen Kehricht,
sie bleibt herzlos wie ein Stein.

Ganz vergessen sind die Jahre,
die man doch mal glücklich war.
Heute geht's ihr nur ums Wehtun -
das ist grausam und bizarr.

© Norbert van Tiggelen

Adlerauge

Adlerauge, glaube mir,
wende deinen Blick von hier;
würdest sehen schlimme Sachen,
die dein Herz nur traurig machen.

Vieles hat sich hier verändert,
Alte werden ausgeplündert,
müssen in den Bussen stehen
oder um 'nen Sitzplatz flehen.

Kindermorde immer mehr,
Straftäter wie Sand am Meer,
Eltern sind meist viel zu jung,
leben ohne Stolz und Schwung.

Viele Jahre sind verronnen,
als wir lebten noch besonnen,
kannten Anstand und Moral,
keinen Sturz ins tiefe Tal.

©Norbert van Tiggelen

Echte Freunde

Echte Freunde sind ein Bündnis,
gehen gemeinsam ihren Weg,
kennen keine Streitigkeiten,
Hassen, Spucken und Führen von Krieg.

Echte Freunde stehen zusammen,
lassen sich niemals allein,
werden nicht einander wehtun,
kratzen, treten sich gemein.

Echte Freunde teilen Sorgen,
hören sich auch gern mal zu,
werden kein Geheimnis lüften,
Täuschen, Lügen sind tabu.

Echte Freunde sind fürs Leben,
nichts und niemand spielt sie aus,
mach es deinem Kind begreiflich,
damit das Leben wird kein Graus!

©Norbert van Tiggelen

Gebranntes Kind

Gebranntes Kind, komm her zu mir,
erzähl mir etwas mehr von dir!
Ich weiß, man hat dich sehr verletzt,
dich gnadenlos in Trance versetzt.

Gebranntes Kind, das gibt es nicht!
Dein Mund von Hass und Qualen spricht,
die Augen leer und eisig kalt,
dein Händchen sanft zur Faust sich ballt.

Gebranntes Kind, es tut mir leid!
Die Menschheit wird niemals gescheit;
wirst immer tragen diese Last -
dem Täter geht es gut im Knast.

©Norbert van Tiggelen

Der Kindergarten

Der Kindergarten ist 'ne Stätte,
wo man gern mal Ruhe hätte,
doch dafür ist er eben da,
dass Sprosse spielen trallala!

Schon früh am Morgen mit Volldampf
fängt an der Geschlechterkampf,
egal, ob's sind die kleinen Zicken
oder Jungs, die nicht recht ticken.

Legos, Malstift, Puppenecken
sorgen manchmal für Durststrecken,
und dafür, dass es eine stillt,
der andre malt ein schönes Bild.

Am Frühstückstisch sitzen die Massen,
hoch die Teller und die Tassen,
und tut der Streit auch jetzt noch weh,
wir stoßen an mit ein' Glas Tee.

Beulen zieren manche Köpfe,
Mädchen haben Wachsmal-Zöpfe,
Glitzer ist der letzte Schrei,
besonders auf dem Frühstücksei.

Basteln macht 'nen Riesenspaß,
Finger kleben fest am Glas,
der Pinsel will nicht aus der Hand,
Farbspritzer schmücken die Wand.

Nach dem Mittag geht's zum Spülen,
in den Sandkasten zum Wühlen,
Kinder springen vom Gerüst,
Lisa hat grad Lars geküsst.

Pflaster und die Taschentücher,
Spucke und die Märchenbücher
sind des Gärtners liebste Dinge,
bis Eltern holen die Zöglinge.

©Norbert van Tiggelen

Finger weg

Finger weg von unsren Kindern,
sie sind unser höchstes Gut.
Raubt den sanften Seelen bloß nicht
ihren frischen Lebensmut!

Sie sind zart in ihrem Herzen,
völlig rein und unbefleckt.
Kein brutaler Hundsgemeiner
tief in ihren Herzen steckt.

Schlechte Wesen, die den Kindern
einmal was ganz Schlimmes tun,
sollten für den Rest des Lebens
hinter Schloss und Riegel ruh'n!

©Norbert van Tiggelen

Lebenslichter

Kinder sind das Licht des Lebens,
haltet ihren Blick stets rein,
denn sie sollen mit viel Frohsinn
die Farben unsres Lebens sein.

©Norbert van Tiggelen

Tracht Prügel

Prügelstrafen in der Kindheit
fügen Seelen Schlimmes zu.
Denn die Psyche, die gequält wurd',
kommt zumeist nicht mehr zur Ruh.

Diese Schläge von Idioten
haben klar ihr Ziel verfehlt.
Von der Angst vor weitren Strafen
hat manch Kind nie was erzählt.

Sogar viele Jahre später
spürt der Mensch noch diese Pein,
und es wird auch leider, glaubt mir,
bis ins hohe Alter sein.

©Norbert van Tiggelen

Unbefangen

Wenn 's Kind in dir verloren geht,
dann ist es leider meist zu spät.
Denn Unbeschwertheit, glaube mir,
sie ist ein wahres Elixier.

©Norbert van Tiggelen

Jugendzeit

Kaum dass war die Schule aus,
musste ich direkt nach Haus.
Dort ging es dann zum Mittagstisch,
am Freitag gab es meistens Fisch.

Hausaufgaben waren Pflicht,
erst dann gab Mama grünes Licht.
Gewechselt wurd' die gute Kluft
und schleunigst an die frische Luft.

Nägel pieksten in die Taschen
immer wieder neue Maschen.
Buden bauen war ein Hit,
Fußball spielen hielt uns fit.

Lustig war's am Lagerfeuer,
Bäume waren Ungeheuer,
Pfeil und Bogen selbst gebaut,
aus dem Garten Obst geklaut.

Das Fahrrad war das beste Teilchen,
nach der Kloppe sah man Veilchen,
auf jedem Baum war ich fast drauf,
Gefahren nahm ich oft in Kauf.

Wenn Straßenleuchten gingen an,
macht' ich mich auf den Heimweg dann,
wurd's mal später, gab's gleich Krach,
und es gab eins auf das Dach.

Wenn ich meine Kinder seh,
sage ich:"Ojemine!" -
gar kein Spielplatz weit und breit!
Schön war meine Jugendzeit.

©Norbert van Tiggelen

Weihnachtsloch

Opa hat 'ne kleine Rente,
Oma, sie ist schlecht betucht.
Muttis Haushaltsgeld reicht grad so,
Vati schon seit langem flucht.

Weihnachten sieht's immer bös aus,
gerade dann, wo man's doch braucht.
Immer wieder im Dezember
der Kamin nur ganz schlecht raucht.

Die Geschenke sind dann, klar doch,
meistens kleiner als geplant.
Noch vor Wochen sah's doch gut aus -
niemand hätte das geahnt.

Kinder schauen dann oft traurig,
Glücksgefühle liegen fern.
Schlimm ist, wenn sie dann noch denken,
dass man hätte sie nicht gern.

©Norbert van Tiggelen

Unterdrückt

Es gibt leider manche Kinder,
die erleben täglich Schmach,
Peinigungen und Schikanen,
darum liegt ihr Leben brach.

Müssen sich im Elternhause
unterwerfen regelrecht;
man behandelt sie wie Sklaven,
oftmals völlig ungerecht.

Eine eigne Meinung haben,
wäre für sie ein Problem.
Es gäb' lange Diskussionen -
Züchtigungen noch zudem.

Ihre Wünsche zu erfüllen,
klingt es jetzt auch sehr verrückt,
hielt man kaum einmal für nötig -
denn sie wurden unterdrückt.

©Norbert van Tiggelen

Zeitmaschine

Hätt' ich eine Zeitmaschine,
Mensch, das wäre doch der Hit!
Ich nähm' manch ein Kind von heute
in das einst Gescheh'ne mit.

Ich würd' ihnen dann mal zeigen,
wie's in UNSRER Jugend war.
Damals gab's noch Fußballplätze,
und sogar in großer Schar.

Unterhaltungselektronik
war ein Fremdwort - Gott sei Dank.
Puzzles, Legos, Kartenspiele
schmückten UNSREN
Spielzeugschrank.

Buden bauten wir auf Bäumen,
in den Hecken, auf dem Feld.
Wir bekamen strenge Rügen
und ein kleines Taschengeld.

Kirschen klau'n in Nachbars Garten,
Pfeil und Bogen selbst gebaut;
doch trotzdem mit hoher Achtung
zu den Alten hochgeschaut.

Unsre Kleidung war meist schmutzig,
es war halt 'ne andre Zeit;
kein Vergleich zu heut'gen Tagen -
Kids, ihr tut mir manchmal leid!

©Norbert van Tiggelen

Kinder(v)erziehung

Bis spät abends draußen bleiben,
sich mit Joints die Zeit vertreiben -
wofür denn zur Schule gehen?
Müsste man doch früh aufstehen!

Mit dem Paps ein Bierchen tanken,
spät mit ihm nach Hause wanken,
ist doch cool, das Leben hier -
später gibt es eh Hartz IV.

Erster Sex mit dreizehn Jahren -
warum sich den Saft aufsparen?
Vater Staat zahlt Alimente,
es lebe hoch die Einheitsrente!

Der Controller – gern verwendet,
Geist und Körper oftmals schändet.
Läuft das Spiel mal ganz beschissen,
wird ins Fernsehen er geschmissen.

Pizza, Pommes, Süßigkeiten,
knülle Eltern, die sich streiten,
Kindscharakter leidet doch -
sagt mal Leute – geht es noch?

©Norbert van Tiggelen

Hotel Mama

Hotel Mama, das ist spitze -
brauchst dort nicht sehr viel zu tun:
Auf der Bärenhaut zu liegen
und sich ständig nur ausruh'n.

Wäsche brauchst du nicht zu waschen,
auch das Essen wird gekocht.
So ein cooles Lotterleben
wird unheimlich gern gemocht.

Eines Tages in der Ferne
ist dies Leben Schall und Rauch.
Dann stehst du mit deiner Faulheit
ganz gewaltig auf dem Schlauch.

©Norbert van Tiggelen

Manch Schüler hat es oft nicht leicht,
weil Nötigung sein Herz erweicht.
Gewaltbereitschaft in den Klassen
oft arbeitsame Kinder hassen.

©Norbert van Tiggelen

Kriegsgeschichten

Kinder, hatten wir es damals
doch in unsrer Jugend schlecht.
Bomben fielen auch in Nächten,
alles war so ungerecht.

Hatten damals nichts zum Essen,
mussten oftmals betteln geh'n
und oft Stunden in der Kälte
vor den Zechen Wache steh'n.

Wenn Sirenen laut erheulten,
mussten wir ganz leise sein.
Meist in dunklen Kellerräumen
lagen wir bei Kerzenschein.

Diese Kinderlandverschickung
war für uns der größte Graus,
riss uns fort von den Geschwistern
und auch aus dem Elternhaus.

All die schlimmen Kriegsgeschichten
waren Gift für unsre Seelen.
Denn nicht selten, glaubt mir dieses,
mussten wir im Traum uns quälen.

©Norbert van Tiggelen

Mein großes Sternenkind

Kind dort oben hoch im Himmel,
du gehst mir nicht aus dem Sinn.
Ohne dich, geliebtes Herzstück,
ich nur schwach und müde bin.

Du gabst mir die Kraft zum Kämpfen,
warst mein Lebenselixier.
Seit du nicht mehr hier bei mir bist,
hat mein Dasein keine Zier.

Ich bin nur ein Schatten meiner
selbst und schäme mich dafür.
Trotzdem bin ich guter Dinge,
denn ich hab da ein Gespür:

Eines Tages sind wir beide
uns ganz nah - wie freu ich mich!
Glaube mir, es wird geschehen -
du, mein Kind, ich liebe dich!

©Norbert van Tiggelen

Loslassen

Kind, ich möchte Dir was sagen,
höre mir jetzt bitte zu:
Das, was meinem Leben Sinn gibt,
das bist ganz allein nur Du.

Ich will für Dich nur das Beste,
dass Du Dich niemals verirrst;
möchte, dass Du Deinen Weg gehst
und Du eigenständig wirst.

Viel zu schnell kommt man vom Pfad ab,
Menschen sind oft gnadenlos.
Wenn ich spüre, dass Du stark bist,
lass ich Dich auch gerne los.

©Norbert van Tiggelen

Unbefangen

Wenn 's Kind in dir verloren geht,
dann ist es leider meist zu spät.
Denn Unbeschwertheit, glaube mir,
sie ist ein wahres Elixier.

©Norbert van Tiggelen

Traurige Mütter

Nicht ein jedes Mutterherz
ist glücklich und zufrieden,
denn so manches wird - gib Acht:
verstoßen und gemieden.

Plötzlich ist etwas passiert,
ein Missgeschick, ein Streit,
ein Irrtum, gar ein Todesfall,
hätt' niemand prophezeit.

Wege trennten sich sofort,
das Mutterherz zerbrach;
es folgte eine Höllenzeit,
in der es täglich stach.

Ohne ihre Sprosse leiden
Mütter reine Höllenqualen.
Es vergehen schlimme Jahre
ohne ein paar Sonnenstrahlen.

Darum, Kinder, lasst euch sagen:
Ihr Herz, es ist erfroren.
Nehmt zu ihr Verbindung auf -
sie hat euch einst geboren!

© Norbert van Tiggelen

Mein Kind

Wenn Du lachst, strahlt meine Seele,
Du bist mein Glück und Sonnenschein.
Ohne Dich, musst Du mir glauben,
möchte ich nie wieder sein.

Dein Umarmen – eine Wohltat!
Stärkt mich täglich, schenkt mir Mut.
Ist wie Balsam für die Sinne,
aber auch für Fleisch und Blut.

Kind, ich steh an Deiner Seite!
Zuverlässig und konstant;
auf mich kannst Du immer zählen –
ich liebe Dich, mein Diamant.

©Norbert van Tiggelen

Alte Kinder

Erwachsene sind alte Kinder,
die beim Älterwerden
oft vergessen haben,
dass ein guter Rat
keine Bevormundung ist.

©Norbert van Tiggelen

Flügge werden

Wenn die Kinder flügge werden,
bricht so manches Mutterherz.
Denn es macht sich große Sorgen
und erleidet tiefen Schmerz.

Haben Angst, dass sie verirren
hier auf dieser großen Welt,
wo doch leider immer öfter
nur das liebe Geld noch zählt.

Wollten jederzeit das Beste,
denn es ist ihr Fleisch und Blut.
Hatten Angst davor, zu sagen:
„Ciao, mein Liebling, mach es gut!"

©Norbert van Tiggelen

Saucoole Eltern

Die Alten,
die uns einst bestraften
und belehrten,
leben nicht mehr.
Wir sind nun die Alten,
aber die meisten von uns
haben vergessen,
Strafen und Lehren
weiterzugeben.
Sie wollen lieber cool sein,
tragen ein Tattoo,
ein Zungenpiercing
oder ein Arschgeweih.
Was es bringt, sehe ich,
wenn ich aus dem Fenster schau
und Kids mit qualmenden Zigaretten
sowie Bierdosen bewaffnet sehe.
Weiter so, Deutschland -
und hier wird sich gewundert,
warum unsere Kinder
bei der Pisa-Studie
so schlecht abschneiden?
Wer nicht meckert,
wird nichts ändern.
Schimpft mal wieder,
eure Kinder werden es euch
eines Tages danken!

©Norbert van Tiggelen

Liebe Eltern

Liebe Eltern, lasst die Kinder,
endlich wieder Kinder sein!
Schickt sie toben, klettern, spielen,
oder in den Sportverein!

Holt sie weg von den Computern,
weist sie an die frische Luft!
Denn so manche Spielkonsole,
ist der Kinderseele Schuft.

Man dressiert den armen Seelen
damit nur die Trägheit an.
Und sie werden unbeweglich,
merken tun sie's irgendwann.

©Norbert van Tiggelen

Kleiner Mensch ganz groß

Wie oft denken wir Großen,
die Kinder, sie sind dumm,
doch häufig ist das anders,
nehmt es mir nicht krumm!

Sie sind meistens ehrlich
und kennen keine Lügen,
hätten niemals die Idee,
Menschen zu betrügen.

Sie schenken dir Vertrauen
und zweifeln nicht an dir,
„Gnadenlose Unbetrübtheit"
heißt ihr Elixier.

Sie wollen dich ermuntern
und neigen gern zu Scherzen,
alles, was sie für dich tun,
kommt tief aus ihrem Herzen.

Wenn ich so überlege,
dann fällt mir dazu ein:
ihr Leben ist noch ziemlich jung,
drum ist ihr Herz so rein.

©Norbert van Tiggelen

Teddy

So ein Teddy ist was Feines,
schenkt als Kind dir sein Gehör.
Du erzähltest ihm die Freuden
und manchmal auch ein Malheur.

Er war da, als du ihn brauchtest,
treu in jeder dunklen Nacht.
Überstandest manch' Gewitter,
seine Augen hielten Wacht.

Irgendwann gibst du ihn weiter
an die eignen Kinderlein.
Er wird auch in ihren Armen
dann ein treuer Hirte sein.

©Norbert van Tiggelen

Rabenväter

Männer, die zu Vätern werden,
müssen nicht gleich "Väter" sein.
Denn ich kenn so manchen "Papa",
der den Namen trägt zum Schein.

Kerle, die nur "vögeln" wollten,
wichtig war, man(n) kriegte sie.
Eiskalt wird sie dann verlassen -
denn Gefühle gab es nie.

Lumpen, die sich nur besaufen,
wichtig ist, der Pegel stimmt;
mit den Kumpels Party machen -
man sich gerne einen nimmt.

Flegel, die das Kind vergessen,
Alimente zahl'n - wofür?
Wenn ich solche Rüpel sehe,
ich 'ne Wahnsinnswut verspür.

Burschen, die auf Treue pfeifen
- auch für Mutti eine Plag',
und zum Schluss wird's nochmal heftig -
feiern stolz den Vatertag!

© Norbert van Tiggelen

Hart im Nehmen

Menschen, die gepeinigt wurden
in der Kindheit schon ganz früh,
haben in den meisten Fällen
mit dem Leben große Müh'.

Wie ein Schleier zieh'n sich Krisen
durch das Leben unentwegt.
Schlachten gegen falsche Seelen
haben Herz und Geist geprägt.

Aber glaubt mir auch das Eine:
Diese Seelen haben Kraft;
selbst nach vielen Niederlagen
wird sich - klar doch! – hochgerafft.

©Norbert van Tiggelen

Gewalt

Oftmals heißt es, dass das Mannsbild
nur Gewalt im Kopfe hat.
Damit setzt er schnell und gerne
seine Konkurrenten matt.

Doch wenn man mit etwas Weisheit
sich die Menschen mal anschaut;
ist's nicht nur der Kerl, der böse,
der auf Schmerz und Schläge baut.

Sie herrscht schon in Kindergärten
und in Schulen ganz gewiss;
jahrelang gequälten Seelen
man die Lebensfreud' entriss.

Ehefrau vertrimmt den Gatten
oder schändet seinen Geist.
Sie will einen Prellbock richten,
der sie nach der Qual noch preist.

Greise werden oft gezüchtigt
in den Heimen – selbst zuhaus'.
Ist der Pfleger überfordert,
sieht's für sie oft düster aus.

Kinder schlagen ihre Eltern,
das hat Gott uns nicht gelehrt.
Mensch! Verdammt - auf dieser Erde
läuft so einiges verkehrt!

©Norbert van Tiggelen

Noch einmal Kind

Als Kind bist du im Herzen rein,
lässt Knete einfach Knete sein,
willst singen, toben, tanzen, lachen,
mit Spielgefährten Späße machen.

Dann wirst du älter Jahr für Jahr,
bemerkst, wie schön die Jugend war,
denn dir wurd' leider beigebracht:
„Wer Geld besitzt, der hat die Macht!"

Mit Ehrlichkeit, wie du's gelernt,
bleibt dir der Reichtum weit entfernt,
denn vorwärts geht's im Leben meist,
wenn du auf deinen Nächsten pfeifst.

Sind deine Knochen alt und schwach,
schaust du von deinem Lebensdach
und denkst: „Was sind wir Menschen blind,
wie gern wär ich noch einmal Kind!"

©Norbert van Tiggelen

Wie uncool!

Vati, Mutti, Oma, Opa -
alle pleite, welch ein Graus!
Fällt aus diesem üblen Grunde
auch das Fest der Liebe aus?

Das denkt sich der Spross seit Tagen,
was ihn nachts nicht schlafen lässt.
Er ist nervlich so am Ende,
das er fast ins Bettchen nässt.

Keine coolen Großgeschenke,
das wär' die Blamage pur!
Wenn die Spielgefährten prahlen -
was erzählt er ihnen nur?

Die Familie macht sich Sorgen,
sie erleiden große Pein.
Denn sie wollen für den Sprössling
möglichst cool und trendy sein.

©Norbert van Tiggelen

Übertriebene Tierliebe

Menschen, die ihr Tier verwöhnen,
finde ich grundsätzlich gut.
Zu oft liest man in der Zeitung,
dass es nicht ein jeder tut.

Doch es gibt auch Erdenbürger
die es reichlich überzieh'n.
So, dass sogar ihre Kinder
bloßgestellt zu Freunden flieh'n.

Eines Tages, wenn sie groß sind,
hat ein Ende dieser Graus,
Denn dann flüchten sie behände
aus dem tristen Elternhaus.

©Norbert van Tiggelen

Mütter für immer?

Sie sorgten sich um ihre Sprosse
jahrelang von früh bis spät,
kochten, wuschen, flickten Kleidung,
Mühen, die kein Kind errät.

Standen immer treu zur Seite,
war der Weg auch noch so steil,
bargen, zogen, packten, zerrten
wie ein sich'res Halteseil.

Später dann die Enkelkinder
sind gewiss besondre Gaben,
wollen basteln, spielen, toben,
doch Oma will mal Ruhe haben.

Drum, Kinder, habt Verständnis,
selbst Müttern schadet Hast,
sie brauchen mal Erholung,
gönnt ihnen eine Rast!

©Norbert van Tiggelen

"Tapfere Knirpse"

Es gibt viel zu häufig Kinder,
die sind leider sehr, sehr krank.
Selbst bei allerkleinsten Gaben
zeigen sie dir größten Dank.

Spielen, Toben, Singen, Balgen
fällt den Knirpsen oft nicht leicht.
Meistens sind die Körper schwächlich,
so, dass ihre Kraft kaum reicht.

Trotzdem kämpfen diese Helden
gnadenlos um jeden Tag,
in der Hoffnung auf Genesung,
ist auch noch so groß die Plag'.

Beten wir für diese Sprosse -
heute, morgen, alle Zeit,
dass ihr Elixier nicht schwindet:
Hoffnung, Mut und Tapferkeit.

©Norbert van Tiggelen

Zum Handeln zu spät

Kinderbeine folgen uns
treu auf Schritt und Tritt,
selbst wenn der Weg der falsche ist,
sie gehen einfach mit.

Kinderhände fassen an,
was wir ihnen geben,
auch wenn es dabei runter fällt,
sie werden es aufheben.

Kinderaugen sehen klar
die Welt aus ihrer Sicht,
was gemein und unnütz ist,
erkennen sie noch nicht.

Kinderköpfe denken noch,
die Welt sei nicht verdreht;
doch eines Tages merken sie,
zum Handeln ist's zu spät.

©Norbert van Tiggelen

Meine Mama

Mama - Du, ich hab Dich lieb,
mehr noch, als ich je beschrieb.
Du warst immer meine Bank,
kannten niemals Streit und Zank.

Mama - Du, ich mach mir Sorgen,
denke viel zu viel an Morgen.
Bitte lass mich nicht allein,
habe Angst, für mich zu sein.

Mama - Du, ich schenk Dir Mut,
es wird alles wieder gut.
Eines noch am End' geschwind:
„Ich liebe Dich" – sagt Dir Dein Kind.

©Norbert van Tiggelen

Kindermund

Sag mal, haben Fische Durst?
Essen Schweine eigentlich Wurst?
Haben Elefanten Nasen?
Gibt es einen roten Rasen?

Wer malt Schmetterlinge an?
Ob der Papst auch lügen kann?
Wer stellt nachts die Sonnenuhr?
Hängt ein Stern an einer Schnur?

Können Flöhe wirklich husten?
Wer hilft bloß dem Wind beim Pusten?
Warum sagt die Katz' „Miau"?
Hat der liebe Gott 'ne Frau?

Täglich viele, viele Fragen
müssen Eltern oft ertragen.
Doch er schmückt so manche Stund',
dieser kesse Kindermund.

©Norbert van Tiggelen

Wir von damals

Wir von damals waren Kinder,
manchmal durchaus Besenbinder,
recht gewitzt und auch nicht dumm,
haute uns so schnell nichts um.

Möhren aßen wir mit Dreck,
Schuhe putzten wir mit Speck,
Pfeil und Bogen selbst gebaut,
aus dem Garten Obst geklaut.

Blaue Flecken an den Beinen,
nicht nur prügeln - auch vereinen.
Lag der Ball in Nachbars Garten,
mussten wir oft Stunden warten.

Säge, Zange, Nägel, Hammer,
Bretter aus der Abstellkammer
sorgten nie für Langeweile
und für Spaß in Windeseile.

Seifenkisten waren Renner,
Fußballstars die Supermänner,
Buden hoch im Baum gebaut,
ständig abgeschürfte Haut.

Mit dem Fahrrad langgelegt,
schmerzhaft in die Hand gesägt.
Barfuss über heiße Straßen,
rumgejammert wurd' in Maßen.

Liebe Kinder, seid mal ehrlich:
Lebten wir nicht auch gefährlich?
Dennoch ist das eine klar -
unsre Zeit war wunderbar!

©Norbert van Tiggelen

Dear Kindchen

Wenn ich nachts gen Himmel schau,
spüre ich den Schein genau,
den Du mir von oben schickst
und damit mein Herz anklickst.

Wenn ich nachts spazieren gehe,
spüre ich oft Deine Nähe;
sie ist genau wie früher warm,
an Liebe reich, an Kälte arm.

Wenn ich nachts ganz leise weine,
ich Dein Bild in mir vereine,
schenkst Du mir ein Lächeln zart,
das mir Hoffnung offenbart.

Wenn ich nachts von früher träume,
öffnen sich verlass'ne Räume.
Mein Herz wird schwer, ich sorge mich -
Du Kindchen, ich vermisse Dich!

©Norbert van Tiggelen

Freu dich!

Freu dich Kind, dass ich dich frage,
wo du bist und wie's dir geht;
dass ich mich ganz dolle sorge,
wenn du heimkommst abends spät.

Würd' mich das nicht interessieren,
dann wärst du mir piepegal,
und da ich dich mächtig liebe,
bleibt mir keine andre Wahl.

©Norbert van Tiggelen

Tot geboren

Mit Liebe gezeugt,
mit Hoffnung getragen,
mit Sorgfalt beschützt,
begleitet von Plagen.

Mit Freuden erwartet,
doch letztendlich Schmerzen;
als Kind bleibst Du allzeit
in unseren Herzen!

©Norbert van Tiggelen

Rabenmütter

Frauen, die ein Kind bekommen,
müssen nicht gleich "Mütter" sein.
Denn ich kenn so manche "Mama",
die den Namen trägt zum Schein.

Bräute, die an sich nur denken,
ohne Rücksicht auf den Spross,
die nur ihre Wünsche kennen,
drum auch manche Träne floss.

Weiber, die nicht lieben können -
doch beim Sex, da klappt's sofort,
schicken für 'nen feschen Stecher
ihre Kinder in den Hort.

Tussis, die den Haushalt führen
völlig schlecht und ungepflegt -
aber ihre Nägel feilen
auf der Couch von früh bis spät.

©Norbert van Tiggelen

Kinder brauchen uns nicht tot!

Seit vielen tausend Jahren schon
sind WIR zu Gast auf dieser Welt,
teilen uns den Sonnenschein
und dasselbe Himmelszelt.

WIR prägten mit Gedankengut
den Weg bis hin zur Gegenwart,
ob Religion, Kultur und Fleiß,
ein jedes Volk auf seine Art.

Bedeutungslos ist deine Sprache,
egal die Farbe meiner Haut;
WIR ALLE sind das Licht der Erde,
wichtig ist, dass man vertraut.

Hand in Hand müssen WIR gehen,
denn unser aller Blut ist rot.
Lasst uns Richtung Frieden ziehen,
denn Kinder brauchen uns nicht tot!

©Norbert van Tiggelen

Besinnlich

Was der O-pa für uns gewesen,
das steht auf seinem Grabstein nicht;
er war ein Grundstein unsres Lebens,
er schenkte Liebe, Trost und Licht.

Drum zeige ihm, dass du ihn gern hast,
und frage nach, wie es ihm geht!
Denn was wir leider oft vergessen:
An seinem Grabe ist's zu spät.

©Norbert van Tiggelen

Eltern sollten

Eltern sollten ihren Kindern,
wenn es geht, ein Vorbild sein;
dazu Kumpel, Freund, Beschützer,
Hirt, Vertrauter obendrein.

Und sie dürfen nicht vergessen,
dass auch Grenzen wichtig sind.
Denn in unsrem Lebenswandel,
da verirrt man sich geschwind.

©Norbert van Tiggelen

Neuzeit-Oma

Oft war'n Omis früher pummlig,
hatten meist 'ne Brille auf:
nahmen für die Enkelkinder
Lesestunden gern in Kauf.

Heute stylen sie sich meistens
bunter als ein Papagei.
Überm Hintern - oh wie locker! -
schillert stolz das Arschgeweih.

Zudem springen sie dynamisch
auf die nächste Sonnenbank.
Sind die Enkel aber stressig,
liegen flugs die Nerven blank.

©Norbert van Tiggelen

Allein erziehend

Morgens schreit sie an der Wecker,
geht dann los mit Kinds-Gemecker,
weil sie in die Schule müssen;
würd' jetzt lieber zärtlich küssen.

Ist noch gar nicht richtig wach,
steigt man ihr schon auf das Dach:
„Mami, sag, tut das denn not,
will kein' Käse auf dem Brot!"

Dann beginnt der Tag erst richtig,
manch Problem ist sehr gewichtig:
Reicht das Geld, um einzukaufen?
Bus verpasst, muss auch noch laufen!

Sorgen schießen durch den Sinn:
„Wo führt das noch alles hin?"
Klassenfahrt - sie kostet Geld,
woher nehmen, wenn es fehlt?

Haushalt ist jetzt auch gemacht,
endlich eine Pause lacht.
Doch wer ist das, der da schellt?
Kind hat sich den Fuß geprellt!

Was sind das denn für Belege?
Kosten wieder neue Wege,
denn vom Amt gibt es nur Geld,
wenn von diesen keiner fehlt.

Hausaufgaben müssen stimmen,
Mutti kommt nun arg ins Schwimmen,
ihre Schulzeit ist lang her,
drum fällt's Helfen doppelt schwer.

Jetzt ein richtig forscher Mann,
der ihr Deckung geben kann,
kriegt so langsam einen Spleen,
hat versäumt den Arzttermin.

Spät am Abend dann um zehn,
keine Kraft ins Bett zu geh'n,
Kopf ist voll mit großen Sorgen,
müssen warten halt bis morgen.

Ist der Tag dann nachts zu Ende,
schaut sie fragend an die Wände,
ihre Sinne auf sie schreiben:
„Werd' ich immer einsam bleiben?"

©Norbert van Tiggelen

Unbeschwertheit

Unbeschwertheit zu erleben,
ist wie fliegen oder schweben.
Keine Ängste, keine Sorgen,
nicht zu grübeln: „Was wird morgen?"

Hirngespinste gibt es nicht,
selbst im Tunnel scheint das Licht.
Menschen sind doch alle gut,
Glücklichsein und Übermut.

Und darum, sollt ihr wissen
- ich sag es euch geschwind -,
beneide ich nicht selten
so manches kleine Kind.

©Norbert van Tiggelen

Lügen haben lange Beine

Lügen haben lange Beine -
kaum zu glauben, aber wahr;
lüg', dass sich die Balken biegen,
und man sieht dich oft als Star.

Ziehe einen guten Menschen
mit Gerüchten durch den Dreck,
besudle seine weiße Weste
mit so manchem dunklen Fleck.

Suche dir noch weitere Heuchler,
bild' mit ihnen einen Clan,
treibe dann mit üblen Finten
Zeitgenossen hin zum Wahn.

Schon sehr bald, da wirst du sehen,
lügt sogar das kleinste Kind.
Und wir werden dann bestaunen,
wie lang der Lügen Beine sind.

©Norbert van Tiggelen

Sorgenkinder

Viel zu häufig gibt es Eltern,
unvermögend, kalt wie Eis;
schieben ihre Kinder täglich
auf ein kaltes Abstellgleis.

Können keine Liebe geben,
denn ihr Herz lässt es nicht zu.
Drücken, kuscheln und liebkosen
war schon immer streng tabu.

Eines Tages flüchten diese
Kinder aus dem Elternhaus,
leben auf den kalten Straßen,
für das Volk kein Augenschmaus.

Was aus ihnen eines Tages
wird, erkennt sogar ein Blinder:
Diese armen kalten Wesen
sind dann „UNSRE" Sorgenkinder!

©Norbert van Tiggelen

Verzeih, Mutter!

Jetzt versteh ich all die Stunden,
die manch Mutter sich gesorgt,
wie oft sie in ihrem Leben
ihrem Kinde Wärme borgt.

Jetzt versteh ich all die Leiden,
die ihr Herz durchstanden hat,
weil das Kind in seinem Leichtsinn
vor den Munde nahm kein Blatt.

Jetzt spür' ich wie nie im Leben,
dass der Mutter Seelenkleid
sich oft bangte, sorgte, mühte;
etwas spät - es tut mir leid.

©Norbert van Tiggelen

Die Welt ist schön?

Die Welt, sie ist schön in allen Facetten,
doch möchte ich darauf wirklich nicht wetten.
Zu oft finde ich, da ist es der Fall,
stehen wir hier kurz vor dem Knall.

Kindesmisshandlung - ein täglicher Brauch,
dem Armen zu helfen - meist Schall und Rauch.
Reichtum - er wird sich nicht selten erlogen,
das Volk wird vom Staate zu oft arg betrogen.

Der Arbeiter schuftet, zahlt brav seine Steuern,
die Reichen mit Anwälten Unschuld beteuern.
Ehrliche Meinung, sie wird oft verpönt,
der faule Geselle mit Spenden verwöhnt.

Die Kinder sehen die Eltern oft saufen,
die Alten, die Jugend, wie sie sich nur raufen.
Drum finde ich es manchmal obszön
einfach zu sagen: „Die Welt, sie ist schön!"

©Norbert van Tiggelen

Mutterherz

Mutterherz, so groß und warm,
an Liebe reich, an Kälte arm.
Hast deinem Kind viel Heil gegeben,
Wohlergehen war dein Bestreben.

Mutterherz, oft voller Kummer,
bist fürs Kind die größte Nummer.
Schlägst jeden Tag mit voller Kraft,
hast dich oft schwer hochgerafft.

Mutterherz, bleib, wie du bist,
du warst niemals ein Egoist.
Ich bin so froh, dass es dich gibt,
denn du hast mich so warm geliebt.

©Norbert van Tiggelen

Schon vergessen?

Manche Menschen sind vergesslich -
ihre Kindheit Schall und Rauch;
Eine Zeit, die sie durchstreiften,
Ursprung war einst Mamas Bauch.

Wurden zärtlich großgezogen,
Vaters Auge – Mutters Herz;.
Eltern standen stets zur Seite,
ob bei Freude oder Schmerz.

Haushalt führen, Geld verdienen,
keinem wurde was geschenkt.
Kinderkopf bis hin zur Reife,
ebenso nicht selbst gelenkt.

All die Taten sind vergessen,
Kinder, schämt euch - welch ein Graus!
Heut sind wichtig eigne Wünsche -
pfeifen oft auf's Elternhaus.

©Norbert van Tiggelen

Vaterliebe

Kind, ich kann Dir nicht viel bieten,
oftmals fehlt das liebe Geld.
Doch Du weißt, Du bist mein Engel,
der mir selbst die Nacht erhellt.

Habe Angst, dass Du mir bös' bist
und Du denkst, ich lieb Dich nicht.
Mach Dir bitte mal Gedanken -
und sieh es aus meiner Sicht.

Glaube mir, wenn ich Dir sage,
dass nur Geld nicht glücklich macht.
Es ist meine Vaterliebe,
die Dein Seelenkleid bewacht.

©Norbert van Tiggelen

Wiedersehen

Wenn die Kinder mal nicht da sind,
Herrgott, ist das eine Pracht!
Niemand, der die Mutti ärgert
und den Vati kirre macht.

Wäscheberge sind erträglich,
Kühlschrank wird nur langsam leer.
Ordnung in der ganzen Wohnung,
keine Diskussionen mehr.

Sind wir Eltern doch mal ehrlich:
Irgendwann nervt diese Ruh',
und man sehnt sich nach den Kleinen,
auch wenn man's gibt ungern zu.

©Norbert van Tiggelen

Abgeschoben?

Wenn die Eltern älter werden,
das kann recht beschwerlich sein.
Du siehst, wie sie täglich kränkeln,
es verblasst ihr heller Schein.

Aber auch du selber leidest,
denn sie werden - klar - zur Last.
Ständig sollst du für sie da sein,
darum kriegst du kaum noch Rast.

Irgendwann sind sie dann hilflos
und es droht das Pflegeheim.
Bitten, diesem zu entrinnen,
bleiben - logisch - nicht geheim.

Leider ist es unumgänglich,
dass sie diesen Schritt dann geh'n.
Dir als Kind bereitet's Schmerzen -
manche Eltern 's nicht so seh'n.

©Norbert van Tiggelen

MEIN großes Glück

Man sagt: Das Glück bei uns auf Erden
liegt auf dem Rücken von den Pferden.
So heißt es schon seit langer Zeit,
doch ICH seh's anders - tut mir leid!

Das größte Glück in MEINEM Leben
bringt Tisch und Stuhl behänd' zum Beben.
Es tobt und schreit, es lacht und singt,
es mir tagtäglich Freude bringt.

Es stellt mir Fragen unentwegt,
was aber meine Seele pflegt.
MEIN größtes Glück, ich sag's geschwind,
bist du allein: Geliebtes Kind!

©Norbert van Tiggelen

Beste Oma

Die beste Oma ist nicht die,
die's Enkelkind beschenkt,
die reichlich „Zaster" investiert,
damit es an ihr hängt.

Die beste Oma ist der Mensch
- ich sag es euch geschwind -,
die diese junge Seele liebt
so wie ihr eignes Kind.

©Norbert van Tiggelen

Bester Papa

Der beste Papa ist nicht der,
der stets sein Kind beschenkt,
der reichlich „Zaster" investiert,
damit es an ihm hängt.

Der beste Papa ist der Mensch,
der auf dem Kinde baut;
der dieser Seele Liebe gibt
und ihr auch blind vertraut.

©Norbert van Tiggelen

Zum Geburtstag...
(Kinderversion)

Zu Deinem heut'gen Ehrentag
wünsch' ich Dir viel Glück,
dazu gehört Gesundheit,
ein riesengroßes Stück.

Natürlich auch den Frieden
und Licht an jedem Tag,
dass die Sonne Dich erwärmt
und jeder Mensch Dich mag.

Ich wünsch' Dir einen Engel,
der Dich stets begleitet,
der Dir, wenn Du traurig bist,
ein wenig Freud' bereitet.

Und eines noch am Ende,
Du kleiner süßer Spatz:
Genieße Deine Kindheit,
sie ist der größte Schatz.

©Norbert van Tiggelen

Mobbing in der Schule

Mobbing in der Schule,
oh Gott, was für ein Graus!
Manch Kind erleidet Qualen,
und das tagein, tagaus.

Die Pausen sind oft grausam,
du bist nur auf der Flucht,
denn für so manchen Schüler
ist Prügeln eine Sucht.

Zensuren leiden drunter,
was auch kein Wunder ist,
denn konzentriert zu lernen,
verhindert manch Sadist.

Verbale Hetzattacken,
sie treffen oft ins Mark.
Du fühlst dich wie ein Scheusal,
und das bedrückt dich arg.

Zu Hause angekommen,
herrscht etwas Sonnenschein.
Doch morgen geht sie weiter,
die täglich' Seelenpein.

©Norbert van Tiggelen

Besinnlich

Was unsre Eltern einst gewesen,
das steht auf ihrem Grabstein nicht;
sie war'n der Sockel unsres Lebens,
sie schenkten Liebe, Trost und Licht.

Drum zeige ihnen deine Liebe
und frage nach, wie's ihnen geht!
Denn was wir leider oft vergessen:
An ihren Gräbern ist's zu spät.

©Norbert van Tiggelen

Unbekümmert

Einmal wieder unbeschwert sein
wie als Kind, das wär der Hit.
Man bekam die Alltagssorgen
meistens überhaupt nicht mit.

Heut als Großer ist's oft anders,
jede Sorge wird zur Qual.
So ein Tag ganz ohne Lasten
wäre wie ein Sonnenstrahl.

©Norbert van Tiggelen

Mutterliebe

Kind, ich kann Dir nicht viel bieten,
oftmals fehlt das liebe Geld.
Doch Du weißt, Du bist mein Engel,
der mir selbst die Nacht erhellt.

Habe Angst, dass Du mir bös' bist
und Du denkst, ich lieb Dich nicht.
Mach Dir bitte mal Gedanken -
und sieh es aus meiner Sicht.

Glaube mir, wenn ich Dir sage,
dass nur Geld nicht glücklich macht.
Es ist meine Mutterliebe,
die Dein Seelenkleid bewacht.

©Norbert van Tiggelen

Wozu?

Wozu von Liebe reden
in dieser kalten Welt -
dort, wo außer Habgier
oft das Geld nur zählt?

Wozu für Frieden beten,
wenn Waffen sind Gesetz,
wo Menschen zynisch hetzen
mit üblem Geschwätz?

Wozu für Fairness kämpfen,
wenn Lügnern wird geglaubt,
wo dem Alten, Schwachen gar
die Ehre wird geraubt?

Die Antwort heißt „Für Kinder",
denn sie sind unser Licht.
Sie werden zahm geboren,
Neid interessiert sie nicht!

©Norbert van Tiggelen

Zusammenhalt

Dort, wo meine Kinder out sind,
da wird man mich auch nicht seh'n;
werde meinen Edelsteinen
immer treu zur Seite steh'n.

Wer mit ihnen nicht gut auskommt,
der ist daran selber schuld.
Habe sie zu gut erzogen,
mit viel Liebe und Geduld.

Der, der über sie schlecht redet,
und das ist jetzt ernst gemeint,
hat mich für den Rest des Lebens
garantiert zum größten Feind!

©Norbert van Tiggelen

Mein inneres Kind

Tief in mir, da gibt es was,
das will nicht älter werden.
Es hat die Kraft, so glaubt es mir,
von etwa zwanzig Pferden.

Es tanzt und singt, es hüpft herum
und bringt mich oft zum Lachen;
mit ihm kann ich zu jeder Zeit
so manchen Unfug machen.

Es gibt mir Mut bei mancher Tat
- da staun' ich: Alter Schwede! -
und lässt mich auch mal unreif sein,
wenn ich mit „Großen" rede.

Es schenkt mir Trost in dunkler Zeit
und lässt mich Dinge anders seh'n;
drum werd ich diese doofe Welt
wohl nie im Leben ganz versteh'n.

Doch bleib ich lieber rücksichtsvoll,
im Herzen rein, so wie ein Kind,
anstatt erfüllt mit Gier und Neid,
so wie es oft Erwachsne sind.

©Norbert van Tiggelen

"Moralpredigt"
(Der Hilfeschrei einer Toten)

Schaut euch an - mein Herz, es ruht,
fühle mich jetzt richtig gut,
denn mir wurde langsam klar:
Gunst war hier kaum auffindbar.

Macht euch um mich keine Sorgen,
denn ich spür' den neuen Morgen.
Endlich weg von dieser Welt,
wo das liebe Geld nur zählt.

Freundschaft ist meist nur ein Wort,
Mobbing euer Lieblingssport,
kommt nur an, wenn's bei euch raucht,
Hilfsbereitschaft wird missbraucht.

Kinderzimmer - Ort des Grauens,
kaum noch Spuren des Vertrauens,
Stil und Anstand sind zunichte,
guter Wortschatz ist Geschichte.

Neid und Raffgier - Herr der Sinne,
wichtig sind euch nur Gewinne,
kaum Respekt vor alten Schwachen,
haben lang schon nichts zu lachen.

Internet verseucht die Seelen,
seht, wie sich die Kinder quälen,
Trauermärsche sprechen Bände,
Amokläufe ohne Ende.

Faulheit wird hier gut bezahlt,
mancher Nichtsnutz damit prahlt,
Widerstände, sie verstummen,
die Malocher sind die Dummen.

Alkohol beherrscht das Denken,
dumme Eltern Kinder lenken,
pfeifen auf Moral und Sitte,
kennen nicht das Wörtchen „Bitte".

Tiere werden totgequält,
denn der Pelz am Körper zählt,
Brillanten an den Händen,
„Deutsche raus" steht an den Wänden.

Legostein und Teddybär,
sind des Kindes Freud nicht mehr,
lieber eine Spielkonsole,
Fahrtenmesser und Pistole.

Nächstenliebe wird verspottet
und durch Undank ausgerottet,
der Dank - er ist, man wird belogen
und sogar durch den Dreck gezogen.

Panzer, die bewirken Schäden,
sind die Hits in Spielzeugläden.
über Kriege wird gelacht -
Mann, habt Ihr es weit gebracht!

Ruhm und Prunk - der Stolz der Reichen,
gehen sehr oft über Leichen,
die Welt verliert das Gleichgewicht,
schlimm ist nur, ihr merkt es nicht.

Warum wartet ihr so lange,
ist euch denn nicht etwas bange?
Muss denn erstmal was geschehen?
Mann, ich könnt' im Grab mich drehen!

Ganz zum Schluss noch einen Rat:
Schreitet langsam mal zur Tat,
fanget an zu überlegen,
allein schon eurer Kinder wegen.

©Norbert van Tiggelen

Mit Leib und Seele

Mit Leib und Seele
bin ich ein Wesen,
fromm wie ein Lamm,
wild wie ein Besen,
oft werd ich geliebt
und nicht selten gehasst,
bin ständig in Eile
und finde kaum Rast.

Mit Leib und Seele
bin ich ein Mann,
der sowohl Freud als
auch Leid zeigen kann.
Hast du mich als Partner,
bin ich deine Bank,
geht es dir schlecht,
ja, dann werde ich krank.

Mit Leib und Seele
bin ich ein Vater,
für meine Kinder
auch Lebensberater,
ich gebe viel Liebe
und hasse die Lügen
zeig' ihnen Grenzen
und erteile Rügen.

Mit Leib und Seele
bin ich dein Freund,
der mit dir zusammen
Probleme wegräumt,
das, was ich sage,
kommt aus dem Herzen,
will von dir fernhalten
jegliche Schmerzen.

Mit Leib und Seele
bin ich ein Kind,
mal lustig, mal traurig,
wie Sprosse halt sind,
ich lieb' meine Eltern
seit ewigen Zeiten,
wir uns mit Stolz
durchs Leben begleiten.

Mit Leib und Seele
bin ich ein Poet,
der mit seinem Herzen
ganz fest zu Gott steht.
Ich sehe seit langem,
dass wir ihm entweichen,
drum will ich mit Worten
die Rückkehr erreichen.

©Norbert van Tiggelen

Nachwort

Lieber Leser!

Und? Haben Sie an manchen Stellen dieses Buches beim Schmökern zustimmend mit dem Kopf genickt? Ich glaube und hoffe, ja. Es würde mich zufrieden stimmen, denn ich hätte somit die Hoffnung, dass es einen Menschen mehr gibt, der sich Sorgen um unsere Zukunft macht. Ein Mensch mehr, der mit seiner Weitsicht und seinem klugen Menschenverstand dazu beiträgt, diese immer kälter werdende Gesellschaft durch unsere Kinder ein wenig wärmer zu gestalten.
Ein wenig mehr Liebe, Verständnis, Aufmerksamkeit – aber auch Grenzen, die wir diesen jungen Wesen setzen müssen, und vieles Graue könnte bald schon etwas farbiger aussehen.

Der Autor
Norbert van Tiggelen

Impressum

Titel-Idee:

Jeannette van Tiggelen

Cover-Fotos:

Unser Enkelkind Maximilian

Lektorat:
Heidi Friedrich, Lampertheim

Gedichte/Texte:
©Norbert van Tiggelen,
Wanne–Eickel (Herne 2)